まちごとチャイナ

Shanghai 004 Huaihailu
淮海路と市街西部
プラタナス並木と「美好上海」

Asia City Guide Production

【白地図】上海

CHINA
上海

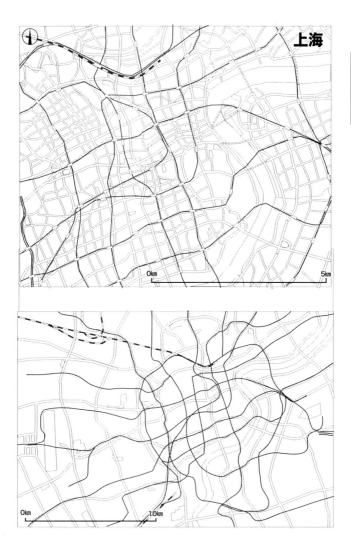

上海 Huaihailu 白地図

【白地図】新天地界隈

CHINA
上海

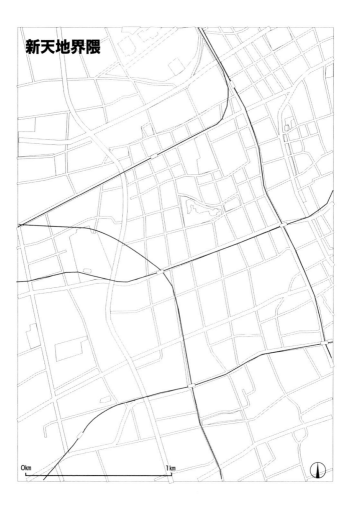

【白地図】新天地

CHINA
上海

新天地

Huaihailu

白地図

【白地図】新天地拡大

CHINA
上海

新天地拡大

Huaihailu

白地図

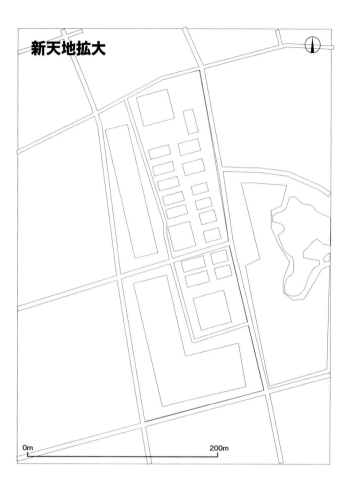

0m　　　　　200m

【白地図】復興公園

CHINA
上海

Huaihailu

白地図

復興公園

【白地図】田子坊

田子坊

Huaihailu | 白地図

【白地図】田子坊拡大

田子坊拡大

Huaihailu

白地図

【白地図】南京西路

CHINA
上海

【白地図】愚園路

愚園路

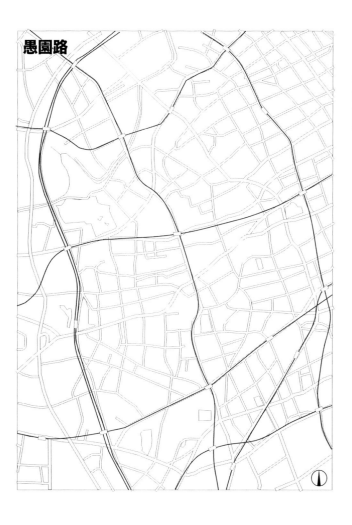

Huaihailu 白地図

【白地図】衡山路

衡山路

Huaihailu | 白地図

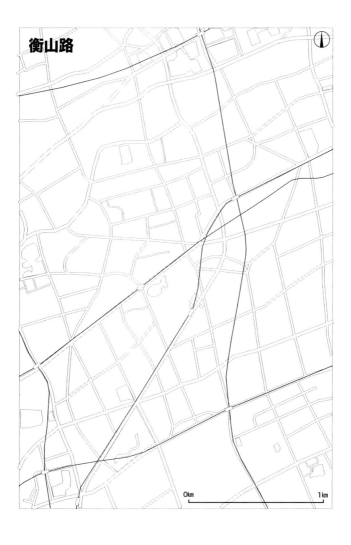

【白地図】徐家匯

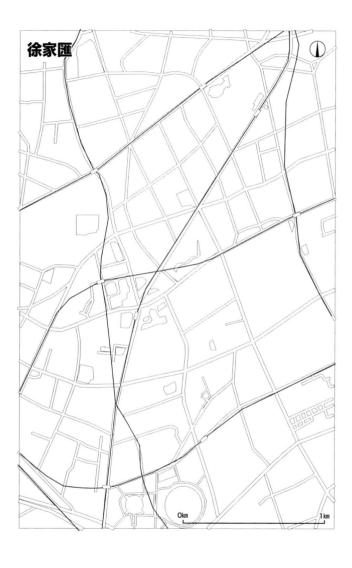

【白地図】虹橋広域図

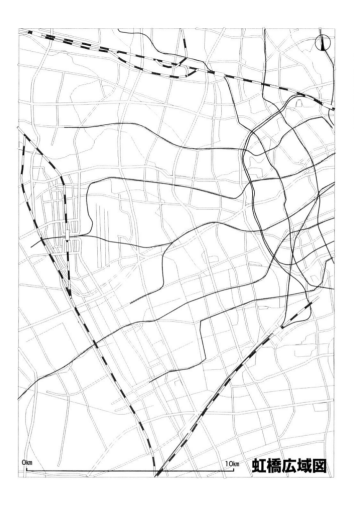

Huaihailu

白地図

虹橋広域図

【白地図】虹橋（世貿商城）

虹橋
(世貿商城)

Huaihailu

白地図

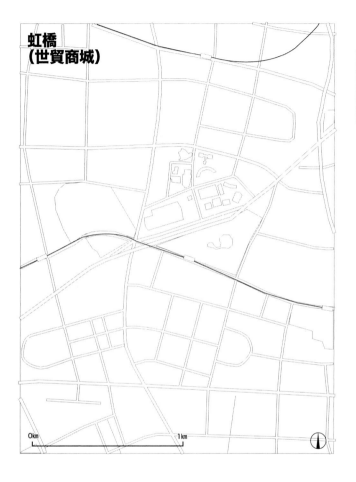

【白地図】上海虹橋総合交通ターミナル

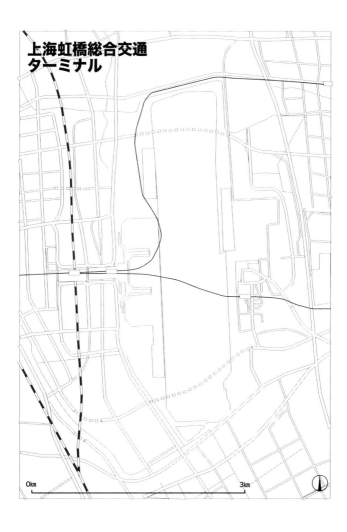

【まちごとチャイナ】
上海001 はじめての上海
上海002 浦東新区
上海003 外灘と南京東路
上海004 淮海路と市街西部
上海005 虹口と市街北部
上海006 上海郊外（龍華・七宝・松江・嘉定）
上海007 水郷地帯（朱家角・周荘・同里・甪直）

CHINA
上海

旧フランス租界に位置し、感度の高い上海女性が行き交う新天地、高級ブランド店がずらりとならぶ南京西路。かつて上海周縁に位置したこれらのエリアは再開発が進み、美しい街並みが広がっている。

19世紀以来、上海は虹橋や徐家匯といった周囲の鎮を飲み込むかたちで拡大を続けた。孫文や蒋介石、各国の要人が上海郊外に邸宅を構えて優雅な暮らしを送り、それらの建物は現在も残っている。

また開発区がおかれた上海西部の虹橋では、20世紀末以降、

Huai hai lu
淮海路 淮海路 Huai hai lu

浦東に対応するようにめざましい発展を見せた（虹橋総合交通ターミナルが飛行機や高速鉄道、バスで上海と中国各都市を結んでいる）。長江デルタ経済の一体化の流れを受け、虹橋は蘇州、無錫、南京などの江蘇省、杭州、紹興などの浙江省へ続く扇の中心となっている。

【まちごとチャイナ】

上海 004 淮海路と市街西部

目次

淮海路と市街西部	xxx
上海西部の瀟灑な街並み	xxxiv
淮海路城市案内	xlv
泰康路城市案内	lxx
フランス租界の往時	lxxvii
南京西路城市案内	lxxxiii
衡山路城市案内	cii
徐家匯城市案内	cxv
虹橋城市案内	cxxiii
上海料理と食の旅	cxl

【MEMO】

【地図】上海

【地図】上海の [★★★]
- [ ] 新天地 新天地シンティエンディイ
- [ ] 田子坊 田子坊ティエンツウファン
- [ ] 南京西路 南京西路ナンジンシイルウ

【地図】上海の [★★☆]
- [ ] 静安寺 静安寺ジンアンスー
- [ ] 衡山路 衡山路ヘンシャンルウ
- [ ] 徐家匯 徐家汇シュウジィアフイ
- [ ] 上海動物園 上海动物园シャンハイドンウウユゥエン

【地図】上海の [★☆☆]
- [ ] 虹橋 虹桥ホンチャオ
- [ ] 上海世貿商城 上海世贸商城 シャンハイシイマオシャンチャン
- [ ] 虹橋総合交通ターミナル 虹桥综合交通枢纽 ホンチャオツォンハァジャオトンシュウニィウ
- [ ] 上海虹橋国際空港 上海虹桥国际机场 シャンハイホンチャオグゥオジイジイチャン

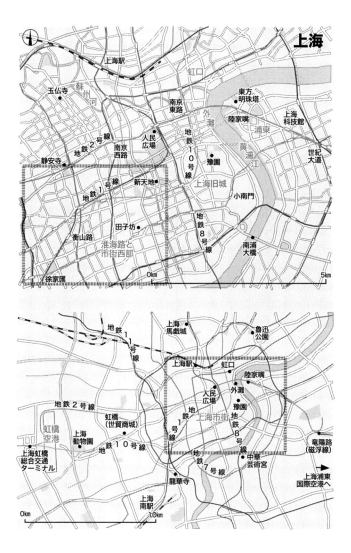

上海西部の瀟洒な街並み

CHINA
上海

美しい並木道が続く通りや庭園をもつ優雅な邸宅
黄浦江から奥に入った上海は
外灘や浦東とは異なる表情を見せる

流行の発信地

人民広場から西に続く南京西路は、1990年代に再開発が進められ、商業施設やビジネス拠点が集まる地域となった。恒隆広場（高さ288m）、会徳豊国際広場（高さ270m）、SOHO東海広場（高さ217m）はじめ高層ビルが林立し、久光、梅龍鎮伊勢丹といった上海有数の売りあげを誇る巨大ショッピングモールが位置する。こうした事情からも、観光地化された外灘や南京東路に対して、南京西路一帯は富裕層をふくむ地元の上海人が親しむエリアとなっている。南京西路やその南側を走る淮海路は上海の最新の流行を発信している。

Huaihailu 上海西部の瀟灑な街並み

花開いたモダン文化

租界時代（19〜20世紀初頭）、貿易と金融、商工業で発達した上海共同租界に対して、その南に隣接するフランス租界には洗練されたレストランや劇場、高級アパートがならんでいた。西洋と東洋の文化が交わるなかで、映画や文学、ジャズ、ファッションなど上海のモダン文化が花開き、「海派」と呼ばれる上海独特の文化が育まれた（たとえばダンスホールで男女の身体が接触するということは、1920〜40年代の中国では衝撃的なことだった）。近代の上海は「東洋のパリ」と呼ばれ、多くの人々がこの街に魅せられていた。

CHINA
上海

▲左 上海を代表する仏教寺院の静安寺。 ▲右 カフェ、レストラン、アートギャラリーがならぶ田子坊

上海西部の開発

19世紀、イギリスが租界を構えた当初、黄浦江から奥に入った競馬場（現在の人民広場）が租界の西限となっていた。この競馬場よりも西へ開発が進んだのは、太平天国の乱（1851〜64年）の際、軍用道路を整備したことにはじまり、そこは越界路（租界を越えた路）と呼ばれていた。やがて上海の人口増加もあって越界路界隈に人が暮らしはじめると、南京路（南京東路）も延長され、旧競馬場から静安寺へ続く静安寺路（南京西路）が敷かれた。電車や自動車の普及もあって20世紀に入ると、富裕層向けの邸宅が広い土地や豊かな緑

【MEMO】

をもつ上海西郊外に構えられた。

上海建築もうひとつの顔

摩天楼が広がる浦東の「超高層ビル群」や近代中国史の舞台となった外灘の「石づくり建築」が上海の表の顔だとすれば、上海郊外の「庭つきの邸宅」と中国人が集まって暮らした「長屋のような集合住宅、里弄」はもうひとつの顔だと言える。上海西部には孫文や蒋介石、汪精衛、資産家や企業幹部などが暮らした豪華な邸宅跡が残り、ホテルや博物館として開館している（外灘で働き、週末を召使のいる上海郊外の

▲左　工場跡を利用した現代アートギャラリー、紅坊国際文化芸術園区。
▲右　2本の尖塔は徐家匯のシンボル、徐家匯天主堂

別荘で暮らすというスタイルがあった)。また里弄建築は急増する上海の人口問題を解決するためにつくられたが、現在、里弄建築の構造を残したまま再開発された新天地、内部をリノベーションして現代アートを発信する田子坊などが登場している。

【地図】新天地界隈

【地図】新天地界隈の［★★★］
- ☐ 新天地 新天地シンティエンディイ
- ☐ 田子坊 田子坊ティエンツウファン

【地図】新天地界隈の［★★☆］
- ☐ 淮海中路 淮海中路ファイハイチョンルウ
- ☐ 孫中山故居紀念館 孙中山故居纪念馆 ソンチョンシャングウジュウジイニィエングァン

【地図】新天地界隈の［★☆☆］
- ☐ 中国共産党第一次全国大会会址紀念館 中国共产党第一次全国代表大会会址纪念馆 チョングゥオゴンチャンダンディイイツウチィエングゥオダイビャオダアフイフイチイジイニィエングァン
- ☐ 香港広場 香港广场シャンガングァンチャン
- ☐ 中国社会主義青年団中央機関旧址紀念館 中国社会主义青年团中央机关旧址纪念馆 チョングゥオシェフイチュウイイチンニィエントゥアンチョンヤンジイグァンジュウチイジイニィエングァン
- ☐ 復興公園 复兴公园フウシンゴンユュェン
- ☐ 周公館 周公馆チョウゴングァン
- ☐ 八号橋 八号桥バアハオチャオ

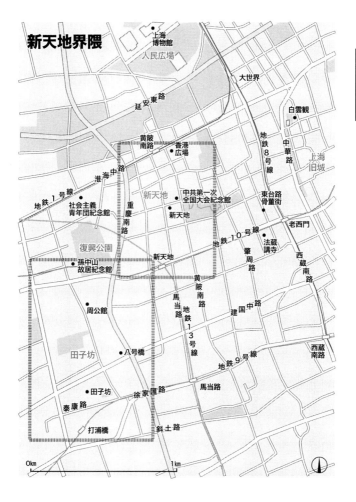

新天地界隈 — 上海西部の瀟灑な街並み Huaihailu

【MEMO】

CHINA
上海

Guide,
Huai Hai Lu
淮海路
城市案内

銀行や商社がならぶ共同租界に対して
住環境や文化、教育に力が入れられたフランス租界
プラタナスが植えられ、美しい通りが続く

淮海中路 淮海中路
huái hǎi zhōng lù ファイハイチョンルウ ［★★☆］

旧上海県城の北側から西に向かって走る淮海中路は、フランス租界のメインストリートだったところで、現在はブランド店が入る高級ショッピングモールがならぶ。淮海中路界隈（フランス租界）の街づくりはフランスが行なったため、並木や公園など緑地が確保された美しい街並みとなった。また淮海中路は、フランス、日本、国民党、中国共産党へと支配者が交替したことから霞飛路、中山路、中正路、淮海路と100年間で8回も名前を変えてきた（淮海路という名前は、国共内

【地図】新天地

【地図】新天地の ［★★★］
- [ ] 新天地 新天地 シンティエンディイ

【地図】新天地の ［★★☆］
- [ ] 淮海中路 淮海中路 ファイハイチョンルウ

【地図】新天地の ［★☆☆］
- [ ] 中国共産党第一次全国大会会址紀念館 中国共产党第一次全国代表大会会址纪念馆 チョングゥオゴンチャンダンディイイイツウチィエングゥオダイビャオダアフイフイチイジイニィエングァン
- [ ] 香港広場 香港广场 シャンガングァンチャン
- [ ] 復興公園 复兴公园 フウシンゴンユゥェン

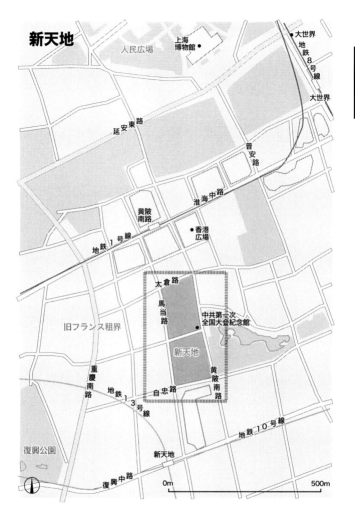

【地図】新天地拡大の［★★★］
☐ 新天地 新天地シンティエンディイ

【地図】新天地拡大の［★☆☆］
☐ 中国共産党第一次全国大会会址紀念館
中国共产党第一次全国代表大会会址纪念馆
チョングゥオゴンチャンダンディイイイイツウチィエングゥオダイビャオダアフイフイチイジイニィエングァン

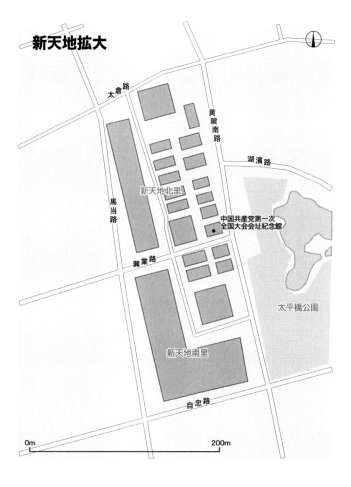

戦で共産党が勝利した淮海大戦にちなむ)。

新天地 新天地 xīn tiān dì シンティエンディイ ［★★★］
最新のファッションや雑貨、化粧品を扱うショップがならび、洗練された空間が広がる新天地。フランス租界にあった集合住宅「里弄」の再開発にあたって、1920年代の里弄の街区や建物の雰囲気を残しながら、現代的な商業施設に生まれ変わった。「古さと新しさが融合する（「昨日と明日が今日ここで出会う」）」というコンセプトの通り、伝統と革新、商業と文化があわさった空間となっている。北里と南里にわかれた

▲左　最新のファッションや雑貨が見られる新天地は流行の発信地。　▲右　里弄の街区を残して再開発された新天地

構成をし、赤と青のレンガで彩られた壁面に黒色の扉をもつ里弄風の建物が見られる。

里弄建築とは

北京の胡同にもくらべられる上海の里弄は、ひとつの入口と路地を6〜8棟で共有する2階建ての集合住宅（長屋）。19世紀の太平天国の乱で上海租界に流入した難民の住居として建設され、旧式の里弄は木造だったが、1920年代からレンガづくりのものが登場した。採光のための天井と呼ばれる中庭をもつなど、江南の伝統建築と西欧建築双方の要素が見

CHINA
上海

られる(入口に石をもちいることから石庫門とも呼ばれる)。できるだけ多くの住民が住めるように工夫されていて、植木やベンチ、洗濯物やバケツなどのおかれた高密度空間のなか、人々が生活している。

中国共産党第一次全国大会会址紀念館 中国共产党第一次全国代表大会会址纪念馆 zhōng guó gòng chǎn dǎng dì yī cì quán guó dài biǎo dà huì huì zhǐ jì niàn guǎn チョングゥオゴンチャンダンディイイイツウチィエングゥオダイビャオダアフイフイチイジイニィエングァン [★☆☆]

中国共産党第一次全国大会会址紀念館は、1921年に中国共

▲左　メイクやヘアスタイル、美しさを求める中国人女性。　▲右　門のうえに見える唐草文様の意匠、里弄を改装した中共第一次全国大会会址

産党が誕生した場所で、現在は博物館として開館している。旧ソ連（コミンテルン）から派遣されたマーリンにうながされるかたちで、張国燾、董必武、毛沢東をふくむ 13 人の中国人らによって共産党第 1 回大会が開かれた。中国官憲の目の届かないところからフランス租界が選ばれ、李漢俊とその兄がこの里弄式の家を提供した（労働者月収 10 〜 15 元の時代に、この大会に参加する各地の代表には 100 元が送金されたという）。大会途中で警官に見つかるトラブルもあったが、浙江省嘉興に場所を移して党大会は続けられた。1917 年のロシア十月革命以後の中国共産党設立をめぐる動きのなか

で、毛沢東が出席したこの大会が評価され、共産党第1回大会を指すようになった。

上海で共産党結党

18世紀以降、イギリスで産業革命が進み、機械（工業化）による大量生産の時代に入ると、資本家と労働者が生まれた。イギリスの租界がおかれた上海は、中国でもっとも早く工業化（近代化）され、労働者が多く暮らしていた。一方、上海租界には中国官憲の手がおよばなかったところからここに革命家が集まり、労働者を中心とした都市型革命が模索されて

いた。上海では、1927年、国民党の蒋介石による中国共産党の弾圧を受け、やがて中国共産党は都市型革命から毛沢東の指導する地方の農民に主軸をおいた革命路線へと展開した（浙江財閥などの資本家と結びついていた蒋介石は、反共産主義の立場をとった）。

香港広場 香港广场 xiāng gǎng guǎng chǎng
シャンガングァンチャン ［★☆☆］
黄坡南路近く、淮海中路をはさんでその南北に立つ香港広場。水玉の美しい外観をもち、高級ブランド店が入居する大

型ショッピングモールとなっている。

中国社会主義青年団中央機関旧址紀念館 中国社会主义青年团中央机关旧址纪念馆 zhōng guó shè huì zhǔ yì qīng nián tuán zhōng yāng jī guān jiù zhǐ jì niàn guǎn チョングゥオシェエフイチュウイイチンニィエントゥアンチョンヤンジイグァンジュウチイジイニィエングァン [★☆☆]

中国社会主義青年団は、中国共産党が結成される以前の1920年に陳独秀や劉少奇といった青年層が集まって形成されたグループで、のちの中国共産党の母体となった。陳独秀は1915年、上海で『新青年』を創刊するなど、社会変革を

▲左　かつてフランス公園と呼ばれた復興公園。　▲右　ショップやブランドが入居する香港広場

呼びかける急進派の先鋒となり、1919年の五四運動でも指導的立場を果たした。こうしたところから中国共産党が成立すると、党の総書記に選ばれることになった（コミンテルンの招集が急だったため、第1回大会には参加していない）。

復興公園 复兴公园
fù xīng gōng yuán フウシンゴンユゥェン [★☆☆]
復興公園はフランス租界に暮らすフランス人の憩いの場となっていた旧フランス公園を前身とする。1909年から一般にも公開され、現在では120種類の樹木や美しい芝生が広が

【地図】復興公園

【地図】復興公園の［★★★］
- ☐ 田子坊 田子坊 ティエンツウファン
- ☐ 南京西路 南京西路 ナンジンシイルウ

【地図】復興公園の［★★☆］
- ☐ 淮海中路 淮海中路 ファイハイチョンルウ
- ☐ 孫中山故居紀念館 孙中山故居纪念馆
  ソンチョンシャングウジュウジイニィエングァン

【地図】復興公園の［★☆☆］
- ☐ 中国社会主義青年団中央機関旧址紀念館
  中国社会主义青年团中央机关旧址纪念馆
  チョングゥオシェエフイチュウイイチンニィエントゥ
  アンチョンヤンジイガンジュウチイジイニィエングァン
- ☐ 復興公園 复兴公园 フウシンゴンユウェン
- ☐ 周公館 周公馆 チョウゴングァン
- ☐ 瑞金賓館 瑞金宾馆 ルイジンビングァン
- ☐ 長楽路 长乐路 チャンラァルウ
- ☐ 錦江飯店北楼 锦江饭店北楼 ジンジャンファンディエンベイロウ
- ☐ 花園飯店 花园饭店 ファアユゥエンファンディエン
- ☐ 蘭心大戯院 兰心大戏院 ランシンダアシイユゥエン
- ☐ 国泰電影院 国泰电影院 グゥオタイディェンインユゥエン
- ☐ 東正教堂 东正教堂 ドンチャンジャオタン
- ☐ 八号橋 八号桥 バアハオチャオ
- ☐ 上海工芸美術博物館 上海工艺美术博物馆
  シャンハイゴンイイメイシュウボオウグァン

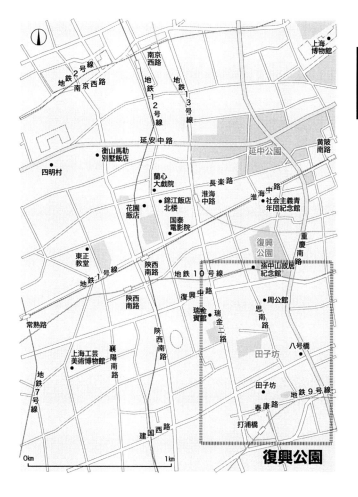

淮海路城市案内 Huaihailu

る公園となっている。この公園の周囲には孫文や周恩来の旧居、スメドレーの暮らしたアパートなども残る。

孫中山故居紀念館 孙中山故居纪念馆
sūn zhōng shān gù jū jì niàn guǎn
ソンチョンシャングウジュウジイニィエングァン [★★☆]

孫中山故居紀念館は、「中国建国の父」にあげられる孫文が妻の宋慶齢とともに1918～24年までを過ごした邸宅跡（孫中山は孫文の号）。孫文を支援したカナダ華僑によって建てられ、現在は孫文や宋慶齢にまつわる展示や当時の調度品が

▲左　落ち着いた雰囲気の思南路に残る周公館。　▲右　孫文の銅像が飾られている孫中山故居紀念館

見られる。1911年の辛亥革命で清朝が滅亡したあとも中国では混乱が続き、孫文は香港や上海を拠点に活動を続けた。1924年、この邸宅で国共合作の最初の会合がもたれたという経緯があるほか、1925年の孫文死後、妻の宋慶齢は1937年までここで暮らしていた（勢力の強かった孫文の国民党と中国共産党を合流させるコミンテルンの意図があった）。

周公館 周公馆 zhōu gōng guǎn チョウゴングァン ［★☆☆］
静かな並木が続く思南路に残る周公館は、周恩来の執務室、寝室などが見られる事務所跡。戦後の1946年、中国共産党

CHINA
上海

の周恩来が国民党政府と今後の中国について話し合うためにここに拠点をおいた(孫文や国民党要人の邸宅にくらべて質素な調度品から周恩来の姿勢や人柄がうかがえるという)。やがて同年、国共内戦がはじまると、周恩来は上海から共産党の根拠地である延安へ移った。また周恩来は1927年、上海クーデターのときも上海にいて、蒋介石の国民党軍に捕まったが、黄埔軍官学校時代の教え子がかつての師を逃したという逸話も残る(黄埔軍官学校は1924年の第1次国共合作で設立され、学校総理に孫文、初代校長に蒋介石、政治主任に周恩来が就任した)。

▲左　街づくりへのこだわりが見られる旧フランス租界。　▲右　瑞金賓館、租界時代このあたりには上流階級の暮らしがあった

瑞金賓館 瑞金宾馆 ruì jīn bīn guǎn ルイジンビングァン [★☆☆]

租界時代のイギリス資産家であるヘンリー・モリスの邸宅跡を前身とする瑞金賓館。社交界が開かれたホールや美しい庭園が残り、かつては蒋介石夫人宋美齢の姿も見られたという（日本占領時代は、軍の拠点がおかれた）。

長楽路 长乐路 zhǎng lè lù チャンラァルウ [★☆☆]

淮海中路の北側を東西に走る長楽路。錦江飯店北楼や花園飯店などの租界時代から伝統をもつ高級ホテル、玩具や衣服などをあつかう店など、地域ごとに街並みを変えていく。

上海

锦江饭店北楼 锦江饭店北楼 jǐn jiāng fàn diàn běi lóu
ジンジャンファンディエンベイロウ ［★☆☆］

租界時代から上海の最高級ホテル「キャセイ・マンション」として名をはせていた錦江飯店北楼。1929年、「上海の王」サッスーン財閥によって建てられ、13階建て、白と茶色の外観をもつ建物は、上海の高層マンションのはじまりをつげた（賓客向け滞在型マンションで、上層階のレストランで日替わりコースを楽しむことができた）。また日中国交正常化にあたって田中角栄が訪れ、ニクソンと周恩来が会談するなど外交の舞台にもなってきた。南側に隣接して1935年竣工

の錦江飯店中楼（グロスヴナーハウス）が立ち、18階建てで鳥が両翼を広げたようなたたずまいをしている。

花園飯店 花园饭店 huā yuán fàn diàn
ファアユュエンファンディエン［★☆☆］

上海有数の格式をもつ花園飯店は、上流階級の人々が集まった社交場フランス・クラブを前身とする（1903年にドイツ人によって建てられ、第一次大戦をへて、1926年にフランスのものとなった）。美しい庭園とダンスホールをそなえ、お茶を飲みながら会話を楽しむ人々の姿があった。旧フラン

ス・クラブの背後に 1990 年、高層の本館が建てられた。

蘭心大戯院 兰心大戏院
lán xīn dà xì yuàn ランシンダアシイユゥエン [★☆☆]
租界時代に人気を博したライシャム・シアターを前身とする蘭心大戯院。戦前から中国演劇、クラシックやロシア・バレエなどの観劇ができ、白系ロシア人が芸術や文化の担い手となっていた（上海に亡命してきた白系ロシア人はフランス租界に集住した）。1867 年に開館した歴史をもち、現在の建物は 1931 年に建てられたもの。

▲左 ロシア風の玉ねぎ屋根をもつ東正教堂。　▲右 バイクの後ろの広告、すべて漢字で記されている

国泰電影院 国泰电影院 guó tài diàn yǐng yuàn
グゥオタイディェンインユゥエン [★☆☆]

1932年に開館し、戦前はキャセイ・シアターの名前で知られていた国泰電影院。中国の映画は1896年に上海の徐園ではじめて上演され、以後、この劇場はじめ多くの場所でアメリカのハリウッド映画やフランスのコメディ映画、中国映画などが上映された。とくに1920～30年代、明星と呼ばれた映画女優がファッションや自立したふるまいで、それまでにない新たな女性像を演じ、人々の人気を博した（封建社会の中国では、女性が舞台に立つことも許されていなかった）。

東正教堂 东正教堂
dōng zhèng jiào táng ドンチャンジャオタン [★☆☆]

東正教堂は上海に暮らすロシア人が礼拝に訪れたロシア正教会（ローマ・カトリックなどに対して、東方教会と言われる）。1938年に建立され、大きなたまねぎとそのまわりに4つの小さなドームを載せる様式となっている。この教会では2500人が礼拝できるという。

【MEMO】

Guide, Tai Kang Lu
泰康路
城市案内

CHINA
上海

現代アートのギャラリーやカフェが集まり
上海の新たな情報の発信地となっている泰康路
中国の現代アートは世界中から熱い視線を受けている

田子坊 田子坊 Tián zǐ fáng ティエンツウファン ［★★★］

泰康路に面した田子坊には、古くから上海の人々の暮らす里弄があったが、21世紀に入って芸術家やデザイナーが集まるようになった（陳逸飛などのアーティストがアトリエを構えた）。現在は、赤色の壁に囲まれたエリアのなかに、ギャラリー、ショップ、レストランがならび、商業街区と住民の暮らしが隣りあわせる独特の空間をつくっている。里弄をとり壊して再構成した新天地にくらべ、田子坊では里弄をリノベーションしてそのまま使われている。

▲左　アーティストたちの洗練された作品が見られる。　▲右　上海でもっとも熱いスポットのひとつ田子坊

八号橋 八号桥 bā hào qiáo バアハオチャオ ［★☆☆］

田子坊の近くに位置し、複数のデザイン事務所などがオフィスを構える八号橋。自動車工場を改装した内部には、ファッション、デザインなどの関係者が集まり、ギャラリーを併設する。

中国と現代アート

中国では長らく美術大学や美術館などの公的機関以外の芸術家の存在は社会的に認められていなかったが、21世紀に入ってから現代美術家が存在感を増すようになった。法力鈞、岳

【地図】田子坊

【地図】田子坊の [★★★]
- ☐ 田子坊 田子坊ティエンツウファン
- ☐ 新天地 新天地シンティエンディイ

【地図】田子坊の [★★☆]
- ☐ 孫中山故居紀念館 孙中山故居纪念馆 ソンチョンシャングウジュウジイニィエングァン

【地図】田子坊の [★☆☆]
- ☐ 八号橋 八号桥バアハオチャオ
- ☐ 復興公園 复兴公园フウシンゴンユゥェン
- ☐ 周公館 周公馆チョウゴングァン

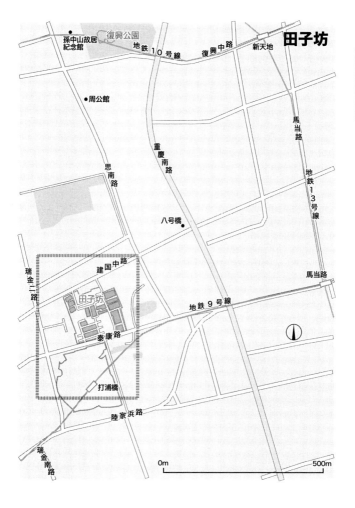

【地図】田子坊拡大の [★★★]
☐ 田子坊 田子坊ティエンツウファン

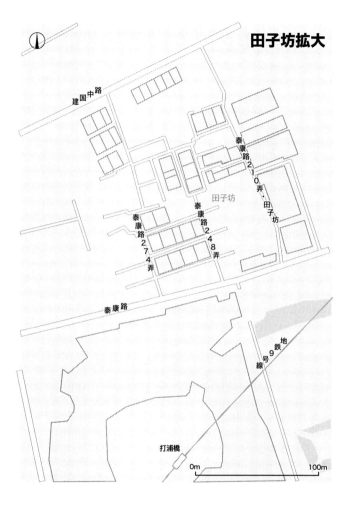

CHINA
上海

敏君といったアーティストの作品は世界的に評価され、10年も満たないあいだに作品価値が100倍になるといったことも起こった。中国の現代アートでは、たとえばマルボロ（煙草）やコカ・コーラをアメリカに見立てたり、毛沢東や鄧小平といった政治家をアートの材料にしたり、それまではアートとは考えられなかったものにも価値があたえられた。中国現代アートの成功を受け、北京、上海、広州、成都などで芸術区がもうけられ、上海ビエンナーレや杭州トリエンナーレといった芸術祭も開かれている。

フランス租界の往時

フランスによって開発された美しい街区と建築
そこは「東洋のパリ」にたとえられ
社交界やダンスホールなど華やかな世界で彩られていた

フランス租界

アヘン戦争後の1842年、清朝と南京条約を結んだイギリスに続いて、1844年、フランスも黄浦条約を結んで上海進出をうかがった。19世紀当時、上海には宋代から続く伝統県城（南市）があり、イギリスはその北に租界（北市）を構えたことから、フランス租界は両者の中間から西へ広がる地域におかれることになった（延安東路が共同租界とフランス租界の境で、どちらからも自由に往来できた）。フランス租界では、教会、学校、病院などが多く建てられ、編み笠をかぶったベトナム人巡査が勤務していた（共同租界ではターバン姿

のシーク教徒警察官が見られた)。

チャイナ・ドレスとモダンガール

1920〜40年代の上海では、髪を短く切り、肌を露出してハイヒールで街を闊歩するモダンガールが見られた。こうした女性のファッションをリードしたのが、上海で放映された映画の女優、また大量生産品を提供して流行をつくった南京東路の百貨店だった(モダンガールの登場には、既成の価値観にとらわれない娼婦の存在もあった)。今では中国の民族服にもあげられるチャイナ・ドレスは、もともと満州族の民族

▲左 新天地はフランス租界の一角にある。 ▲右 20世紀初頭に建てられたフランス風マンションが残る

衣装「旗袍」だったが、この時代の上海でかたちを変化させながら流行した。あらわに見せる二の腕、女性の脚線を強調するスリットなど、西洋ドレスの影響を受け、チャイナ・ドレスは現在のかたちになった。

上海と白系ロシア人

20世紀初頭のロシア革命を受け、1917年ごろからそれまで貴族階級だったロシア人が外国に逃れることになった。フランスなどに移住した人々がいる一方、シベリア鉄道に乗って、ハルビン、大連、上海などへ難民として逃れた人々も多

CHINA
上海

かった(上海の租界は、パスポートやビザが必要なかった)。こうした人々を共産主義の「赤」に対して、「白系ロシア人」と呼び、上海でロシア皇帝の肖像写真をかざって生活する者もいた。ロシア人貴族の多くがフランス語を話したことから、彼らはフランス租界に集住し、最大で2万人ものロシア人が上海に暮らしていた(淮海路の一角は、「リトル・ロシア」と呼ばれていた)。白系ロシア人は、オーケストラの演奏をしたり、ナイトクラブや酒場で歌って生活する一方、乞食や娼婦に身を崩す者も多かったという。

【MEMO】

Guide, Nan Jing Xi Lu
南京西路城市案内

高層マンションや大型ショッピングモール
上海の山の手とも言える南京西路には
庭園つきの豪華な邸宅が残る

南京西路 南京西路nán jīng xi lù ナンジンシイルウ[★★★]
南京路の西半分が南京西路で、人民広場から静安寺にいたり、延安西路に合流するまで3.9kmに渡って続く(租界時代、静安寺の前にあった井戸にちなんで、バブリングウェル・ロードと呼ばれていた)。この南京西路は20世紀末から再開発が進み、高級ブランドの集まる商業区、展覧会場やオフィスの位置するビジネス拠点の性格をもち、静安公園などの緑地は都市の余白になっている。また南京西路から1本南に入った全長500mほどの呉江路には地元の人々が集まる料理店がならぶ。

【地図】南京西路

【地図】南京西路の [★★★]
- ☐ 南京西路 南京西路ナンジンシイルウ
- ☐ 新天地 新天地シンティエンディイ

【地図】南京西路の [★★☆]
- ☐ 静安寺 静安寺ジンアンスー
- ☐ 淮海中路 淮海中路ファイハイチョンルウ

【地図】南京西路の [★☆☆]
- ☐ 梅龍鎮伊勢丹 梅龙镇伊势丹 メイロンチェンイイシイダァン
- ☐ 静安別墅 静安别墅ジンアンビエシュウ
- ☐ 上海商城 上海商城シャンハイシャンチャン
- ☐ 上海展覧中心 上海展览中心 シャンハイチャンランチョンシン
- ☐ 常徳路 常德路チャンダァルウ
- ☐ 四明村 四明村スウミンチュン
- ☐ 錦江飯店北楼 锦江饭店北楼 ジンジャンファンディエンベイロウ
- ☐ 花園飯店 花园饭店ファアユゥエンファンディエン
- ☐ 東正教堂 东正教堂ドンチャンジャオタン

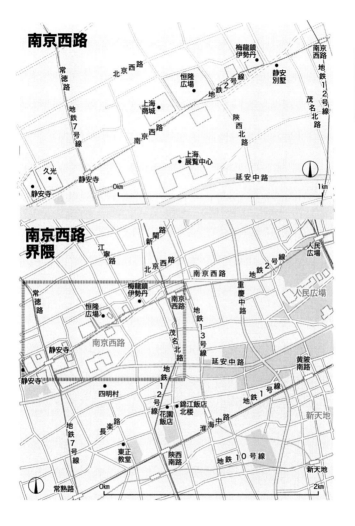

▲左　ならんで立つ近代建築と高層ビル。　▲右　高い購買意欲をもつ上海人が集まる南京西路

梅龍鎮伊勢丹 梅龙镇伊势丹 méi lóng zhèn yī shì dān
メイロンチェンイイシイダァン ［★☆☆］

上海を代表するショッピング・モールとして知られる梅龍鎮伊勢丹。ファッション、雑貨、生活用品など各種店舗が入居する。梅龍鎮とは京劇の演目名で、租界時代にはこのあたりにダンスホールがあった。

静安別墅 静安别墅
jìng ān bié shù ジンアンビエシュウ ［★☆☆］

上海の伝統住宅「里弄」が改装され、カフェやギャラリーが

【MEMO】

ならぶ静安別墅。この低層住宅は 1932 年に建てられたもので、中国人が集住していたが、そのなかには学者蔡元培の故居もあった。

上海商城 上海商城
shàng hǎi shāng chéng シャンハイシャンチャン [★☆☆]

中央が高くなる山型の外観をもつ上海商城。1990 年の竣工で、50 階建て、高さは 165m になる。多目的ホールを備え、とくに上海雑技団の拠点のひとつとなっている（ここ商城劇院のほか、馬戯城、雲峰劇院、白玉蘭劇場などで上演されている）。

Huaihailu 南京西路城市案内

上海雑技団

雑技は多彩な芸とユーモアで見る人を楽しませる中国版サーカスで、上海雑技団はその最高峰として知られる。ひも両端のバケツに水を入れてまわす「水流星」、茶碗を重ねて頭に載せる「頂碗」、1台の自転車に10人もの人間が乗るパフォーマンス、机のうえで身体を曲げてポーズをとる「軟体少女」、椅子を積みあげてそのうえで倒立するパフォーマンスなどの技がある。雑技団の団員は、6〜8歳から毎日10時間もの厳しい訓練を受けて技術を修得し、その高度な技術とパフォーマンスで世界中に遠征している（中国では「雑技団の

落ちこぼれが、オリンピックの体操代表となる」とさえ言われることもあったという)。

上海展覧中心 上海展览中心 shàng hǎi zhǎn lǎn zhōng xīn
シャンハイチャンランチョンシン ［★☆☆］

1954年、旧ソ連の協力で完成した上海展覧中心。高さ110mの尖塔をもち、建物はスラブ古典様式となっている（当時、ソ連と中国は同じ共産主義国として友好関係にあった）。会議場や多目的ホールをそなえる。

▲左　上海の富裕層が多く暮らす静安区。　▲右　三国時代に創建された静安寺、いくども再建されて今にいたる

静安区 静安区 jìng ān qū ジンアンチュウ［★☆☆］

静安寺を中心とする静安区界隈の発展は、1862年に運河を埋め立てて静安寺路（現在の南京西路）が整備されたことにはじまる。1881年に静安寺の廟会がはじまるなど、徐々に人が集まり、現在では上海市街西部の中心地になっている。静安区は静安公園（外国人墓地をはじまりとする）が位置するなど緑豊かで、高い購買力をもつ富裕層が多く住むことでも知られる。静安寺に隣接した久光百貨は上海の百貨店でも有数の売りあげを誇る。

静安寺 静安寺 jìng ān sì ジンアンスー ［★★☆］

上海西部に立つ静安寺は、三国時代呉の3世紀なかばに創建された古刹で、古くは蘇州河の北側にあったが、南宋の1216年、現在の地に移ってきた（当時、黄浦江よりも流れが豊かだった蘇州河の洪水の害をさけるため）。その後、何度も戦火をこうむり、そのたびに再建されてきた。現在は、周囲に高層ビルが林立するなか、四方に壁をめぐらせ、大雄宝殿、天王殿、三聖殿などの伽藍がならぶ。1369年に鋳造された大銅鐘が残るほか、伽藍後部では金色のストゥーパが一際高くそびえている。

常徳路 常徳路 cháng dé lù チャンダァルウ［★☆☆］

常徳路は近代上海の面影を伝える通りのひとつ。上海の独特の集団住宅「石庫門里弄」が残るほか、1930〜40年代にもっともモダンと言われたマンション常徳公寓も見られる。戦時下の上海で、小説家張愛玲がこのマンションで暮らすなど、常徳路は近代文学の舞台にもなってきた。

常徳公寓に暮らした張愛玲

日中戦争中に上海で活躍した作家張愛玲は1920年、上海で生まれ、祖母が清末期の李鴻章の三女だったという系譜をも

上海

つ。イギリス植民地下の香港大学で学び、1941年、上海に戻ってきて23歳で作家デビューした。『傾城之恋』『金鎖記』などを発表して人気を博する一方、汪兆銘政権の高官であった胡蘭成と恋に落ちるなど、近代上海の体現者のひとりでもあった。張愛玲のファッションへのこだわりは強く、自分でデザインした衣服をまとって外に出かけたという。

四明村 四明村 sì míng cūn スウミンチュン ［★☆☆］
南京西路の南側に残る四明村は、1932年につくられた里弄式の集合住宅。思想家や文人などが暮らしたことで知られ、

▲左　里弄は上海独特の集合住宅、時代によって少しずつ変化した。　▲右　張愛玲が暮らした常徳公寓、常徳路にて

ノーベル文学賞を受賞したタゴールも四明村を訪れている。こうした上海の集合住宅は、1949年に中華人民共和国が成立すると、低い家賃で一般に貸し出されることになった。

衡山馬勒別墅飯店 衡山马勒别墅饭店
héng shān mǎ lēi bié shù fàn diàn
ヘンシャンマアレイビエシュウファンディエン ［★☆☆］

衡山馬勒別墅飯店は運輸業で財をなしたユダヤ系イギリス人ニルス・マーラーの邸宅跡。ある日、マーラーの娘が「夢で見た童話に登場するようなお城の絵」を描き、それを設計図

にして建設された（1936年竣工）。現在はホテルとなっていて、北欧風のとんがり屋根をもち、内部は贅のかぎりをつくしたシャンデリアや調度品で彩られている。

中国福利会少年宮 中国福利会少年宫 zhōng guó fú lì huì shào nián gōng チョングゥオフウリイフイシャオニィエンゴォン ［★☆☆］
中国福利会少年宮はサッスーン財閥の社員でのちに独立したカドゥーリ家の邸宅を前身とする。1924年に建立され、ドームや内装などで贅沢に大理石（マーブル）が使われたことから、「マーブル・ハウス」と呼ばれていた。現在は中国の子

どもが演劇や絵画、書道、音楽などの習う少年宮となっている（1949年に中華人民共和国が成立すると、カドゥーリ家は共産主義体制の中国からイギリス統治下の香港に移った）。

愚園路 愚园路 yú yuán lù ユウユゥエンルウ ［★☆☆］
愚園路は静安寺から西に伸び、20世紀前半にイギリス人やスペイン人によって建てられた庭園をもつ花園住宅がならぶ（愚園という地名は、1890年に寧波人がつくった庭園にちなむ）。閑静な住宅街が続き、現在、長寧区少年宮となっている汪公館、かつて東洋一と言われたダンスホール百楽門舞庁

【地図】愚園路

【地図】愚園路の [★★☆]
- [ ] 静安寺 静安寺ジンアンスー
- [ ] 上海宋慶齢故居 上海宋庆龄故居 シャンハイソンチンリングウジュウ
- [ ] 衡山路 衡山路ヘンシャンルウ
- [ ] 徐家匯 徐家汇シュウジィアフイ

【地図】愚園路の [★☆☆]
- [ ] 中国福利会少年宮 中国福利会少年宫 チョングゥオフウリイフイシャオニィエンゴォン
- [ ] 愚園路 愚园路ユウユュエンルウ
- [ ] 中山公園 中山公园チョンシャンゴンユュエン
- [ ] 上海宣伝画芸術中心 上海宣传画艺术中心 シャンハイシュアンチュアンファアイイシュウチョンシン
- [ ] 丁香花園 丁香花园ディンシィアンファアユュエン
- [ ] 上海図書館 上海图书馆シャンハイトゥシュウグァン
- [ ] 紅坊国際文化芸術園区 红坊创意园区 ホンファンチュウアンイイユュエンチュウ

愚園路

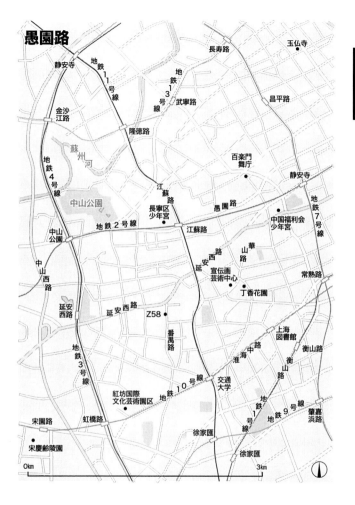

Huaihailu　南京西路城市案内

(旧パラマウント、1933年に完成した）などが残る。

中山公園 中山公园 zhōng shān gōng yuán
チョンシャンゴンユュエン ［★☆☆］

中山公園は租界時代にジェスフィールド公園と呼ばれ、租界に暮らす外国人が週末、上海郊外のこの公園にピクニックに訪れていた（工部局主催のコンサートが開かれ、家族連れやカップルでにぎわった）。20世紀以来、このあたりには工場が多かったが、1995年ごろから開発が進み、今では豊かな緑を感じられる新興の商業地となっている。

【MEMO】

**Guide,
Heng Shan Lu**

衡山路
城市案内

CHINA
上海

旧フランス租界の西部を走る衡山路
このあたりには蒋介石や宋慶齢など要人の邸宅跡
フランス風のマンションなどが残る

衡山路 衡山路 héng shān lù ヘンシャンルウ ［★★☆］

衡山路一帯には、外国人や中国人富裕層が多く暮らし、高級ホテル、レストラン、バーなどが集まる（衡山路は「バー・ストリート」と呼ばれている）。このあたりはもともとフランス租界であったことから、プラタナス並木が見えるなど美しい景観が続く。

上海国際礼拝堂 上海国际礼拜堂 shàng hǎi guó jì lǐ bài táng
シャンハイグゥオジイリイバイタァン ［★☆☆］

上海国際礼拝堂は1925年に建てられ、こぢんまりとしたた

たずまいを今も残している。この教会はアメリカ人を中心としたプロテスタントの礼拝堂で、国籍を問わずに門戸を開いたことから、上海国際礼拝堂と呼ばれた。

上海工芸美術博物館 上海工艺美术博物馆
shàng hǎi gōng yì měi shù bó wù guǎn
シャンハイゴンイイメイシュウボオウウグァン [★☆☆]

ホワイトハウスにたとえられる小さな洋館を利用した上海工芸美術博物館。刺繍や切り紙、人形、編みもののほか、翡翠や象牙、木彫の彫刻など民芸芸術が展示されている。上海の

【地図】衡山路

【地図】衡山路の [★★☆]
- 衡山路 衡山路ヘンシャンルウ
- 上海宋慶齢故居 上海宋庆龄故居 シャンハイソンチンリングウジュウ
- 静安寺 静安寺ジンアンスー
- 徐家匯 徐家汇シュウジィアフイ
- 淮海中路 淮海中路ファイハイチョンルウ

【地図】衡山路の [★☆☆]
- 上海国際礼拝堂 上海国际礼拜堂 シャンハイグゥオジイリイバイタァン
- 上海京劇院（旧蒋介石邸）上海京剧院 シャンハイジィンジュウユゥエン
- 上海工芸美術博物館 上海工艺美术博物馆 シャンハイゴンイイメイシュウボオウグァン
- 上海図書館 上海图书馆シャンハイトゥシュウグァン
- 武康路 武康路ウウカンルウ

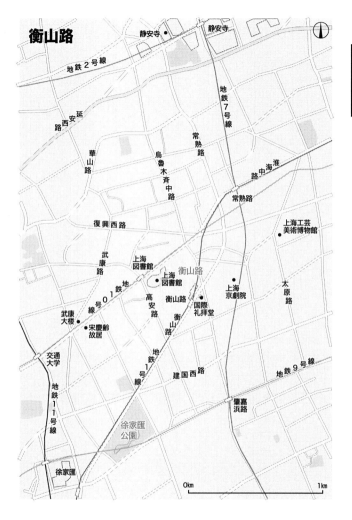

CHINA
上海

工芸は、中国と西欧双方の影響を受けながら発展してきた。

上海京劇院（旧蒋介石邸）上海京剧院 shàng hǎi jīng jù yuàn
シャンハイジィンジュウユゥエン ［★☆☆］

「澶淵の盟」「乾隆下江南」といった演目はじめ、中国の伝統芸能京劇が見られる上海京劇院。厳格に伝統を継承する北京の京劇に対して、上海の京劇は新たに創作されたものが上演されるといった違いがあるという（「京派」に対して「海派」と呼ばれる）。またこの建物は、20世紀初頭、国民党の蒋介石の邸宅だったことでも知られる。

▲左　バー・ストリートと呼ばれる衡山路。　▲右　存在感ある現代建築の上海衡山路十二号酒店

上海図書館 上海图书馆 shàng hǎi tú shū guǎn
シャンハイトゥシュウグァン ［★☆☆］

中国を代表する蔵書を収蔵する上海図書館。上海図書館の歴史は、19世紀以来の徐家匯や工部局の図書館にさかのぼり、こうした流れを受けて1952年に発足した（1996年、上海中心部から広々とした郊外のこの地に遷された）。一般向けの新聞や雑誌、書籍の閲覧ができるほか、貴重な古書の収蔵、科学技術情報業務も行なう。

上海宋慶齢故居 上海宋庆龄故居
shàng hǎi sòng qìng líng gù jū
シャンハイソンチンリングウジュウ ［★★☆］

落ち着いた街並みが続く淮海路に残る宋慶齢故居。1920年代にドイツ人の邸宅として建てられ、1948〜63年まで「建国の父」孫文の妻宋慶齢が暮らした（宋慶齢は1949年の中華人民共和国成立にあたって副主席をつとめ、やがて住まいを北京に移した）。宋慶齢が暮らしていた当時の調度品がおかれ、敷地内には花園が残る。

▲左　上海図書館は中国を代表する図書館。　▲右　庭園つきの邸宅、上海宋慶齢故居

宋家の三姉妹

19世紀後半から20世紀初頭にかけて上海が勃興するなか、浙江財閥が頭角を現し、その資産家宋子文には3人の姉妹がいた。長女の宋靄齢は「財政家の孔祥熙」に、次女の宋慶齢は「革命家の孫文」に、三女の宋美齢は「国民党の蒋介石」に嫁ぎ、宋家を中心とする血縁関係が結ばれた（近代中国で、宋王朝とも言われるほどの富と権力をにぎった）。次女の宋慶齢は孫文の意思を受け継ぐとして、1949年の中華人民共和国成立後も国の要職についた。

上海

武康路 武康路 wǔ kāng lù ウウカンルウ ［★☆☆］

1920年の上海の面影を残す武康路。作家巴金、政治家唐紹儀はじめ、西欧の外交官や国民党の要人が武康路界隈に暮らした。とくに8階建て三角形の武康大楼（旧ノルマンディー・アパート）には映画俳優も暮らすなど、洗練された生活空間となっていた。

Z58 Z58 Z wǔ bā ズィイウウバア ［★☆☆］

古い時計工場跡に建てられたオフィスとギャラリーからなるZ58。豊かな水をたたえる水面が隣接し、ガラス張りの壁面

▲左　淮海中路と武康路が交わる地点に立つ武康大楼。　▲右　街角に貼ってあったポスター、一瞬でメッセージを伝える

からは光が入る。また壁面が緑化されるなど、心地良い空間が追求されている。

上海宣伝画芸術中心 上海宣传画艺术中心
shàng hǎi xuān chuán huà yì shù zhōng xīn シャンハイシュアンチュアンファアイイシュウチョンシン ［★☆☆］

マンションの地下を利用して開館する上海宣伝画芸術中心。上海宣伝画芸術中心に展示されているポスターには、時代にあわせて大きく旧ソ連の政治的影響を受けた1950年代の社会主義リアリズム、また1960年代の文化大革命時代に定着

CHINA
上海

したポップアート風のものがある。赤をイメージカラーとし、「社会主義の建設」「農業の共同化」など明確な政治的コンセプトのもと毛沢東や労働者、農民などを英雄に見立てたポスターが描かれた（駅や学校、街角に貼り出された）。

中国とポスター

デザイン、文章、写真や絵で構成され、視覚的に訴えるポスターは印刷技術の進歩とともに18世紀後半に登場した。1949年に成立した中華人民共和国では、それまでにないほどポスターが印刷され、人々に政治方針などを伝える手段に

使われた（中国には56の民族がいて、当時、識字率が低かったことから、ポスターが効果を発揮した）。とくに1960年代の文化大革命時代、毛沢東への個人崇拝が進むと、「毛主席は心の赤い太陽」「四旧打破（旧い思想や習慣の打破）」「造反有理（反逆には道理がある）」といったスローガンをもとにしたポスターが多く刷られた。

丁香花園 丁香花园 dīng xiāng huā yuán
ディンシィアンファアユゥエン [★☆☆]
李鴻章の愛妾のために建てた邸宅があった丁香花園。西欧庭

CHINA
上海

園と中国庭園の双方の要素をもち、丁香とはこの庭園に植えられたライラックに由来する(中国庭園の築山や池が見られる)。

Guide, Xu Jia Hui
徐家匯城市案内

フランス租界の西端にあたった徐家匯
古くは上海郊外の鎮だったが、街が拡大するなかで
上海市街とひと続きになった

徐家匯 徐家汇 xú jiā huì シュウジィアフイ ［★★☆］
徐家匯は上海出身の「明代の官吏」徐光啓ゆかりの場所で、地名はふたつの水路が合流した地（匯）にあるところに由来する（「徐家の匯」）。1847年、フランス人が天主堂を建て、天文気象台がおかれるなど、キリスト教の布教拠点となってきた（また1901年に日本によって設立された私学東亜同文書院も徐家匯にあった）。現在は太平洋百貨店、港匯広場や地下街のある上海西部の商業中心地となっている。

【地図】徐家匯

【地図】徐家匯の [★★☆]
- [ ] 徐家匯 徐家汇 シュウジィアフイ
- [ ] 徐家匯天主堂 徐家汇天主堂 シュウジィアフイティエンチュウタァン
- [ ] 衡山路 衡山路 ヘンシャンルウ

【地図】徐家匯の [★☆☆]
- [ ] 徐光啓墓 徐光启墓 シュウグゥァンチイムウ
- [ ] 徐家匯蔵書楼 徐家汇藏书楼 シュウジィアフイツァンシュウロウ
- [ ] 上海国際礼拝堂 上海国际礼拜堂 シャンハイグゥオジイリイバイタァン
- [ ] 上海図書館 上海图书馆 シャンハイトゥシュウグァン

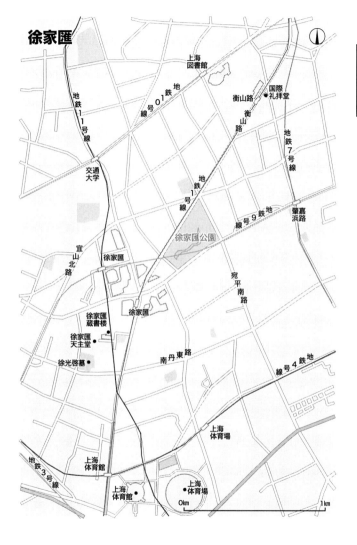

CHINA
上海

徐光啓墓 徐光启墓
xú guāng qǐ mù シュウグゥアンチイムウ [★☆☆]

1562年、この地で生まれた「明代の官吏」徐光啓が眠る徐光啓墓。徐光啓はマテオ・リッチやイエズス会士が伝えた地図や天文学、科学にひかれ、1603年、中国で最初にキリスト教に改宗した人でもあった（15世紀から西欧は大航海時代を迎え、1557年、ポルトガルはマカオに居留を認められた）。徐光啓は『農学書』や『ユークリッド幾何学』の一部を翻訳し、また1619年に明軍が満州軍に敗れると、キリスト教宣教師に西欧の大砲をつくらせた（明清交替は1644年）。官吏とし

▲左 徐光啓は西欧人に大砲をつくらせた。　▲右 徐家匯天主堂は上海最大のカトリック教会

て北京で宮仕えしていた徐光啓は、1607年、父の死を受けて上海に戻り、自らの家屋を寄付してキリスト教施設とした。

徐家匯天主堂 徐家汇天主堂 xú jiā huì tiān zhǔ táng
シュウジィアフイティエンチュウタァン［★★☆］

1608年に徐光啓が建てた小さな教会をはじまりとする徐家匯天主堂（聖イグナティウス大聖堂とも呼ばれる）。高さ60mのふたつの尖塔をもち、赤レンガ色の外観をした現在の建物は1910年に建設され、2500人を収容する上海最大のカトリック教会となっている。かつてふたつの尖塔は、徐家匯

全域から見ることができるこの地域のシンボルだった（1960年代の文化大革命のときに破壊をこうむっている）。

徐家匯蔵書楼 徐家汇藏书楼 xú jiā huì cáng shū lóu
シュウジィアフイツァンシュウロウ ［★☆☆］

徐家匯天主堂の北側に残る徐家匯蔵書楼は、開放的なヴェランダ様式をもつ（西欧人が湿気の多いアジアで建てた様式）。ここは1847年に完成した上海ではじめての図書館でもあり、イエズス会士が本国からたずさえた蔵書など西洋図書と中国図書の双方を収蔵する。

徐家匯城市案内 Huaihailu

上海キリスト教の布教拠点

1842年、アヘン戦争後の南京条約で開港された上海には、多くのキリスト教宣教師が訪れ、1847年、徐家匯にイエズス会の布教拠点がおかれた。徐家匯はアヘン戦争から200年以上さかのぼる明代、中国で最初のキリスト教徒となった徐光啓ゆかりの地でもあった（明代のイエズス会は、中国の「天」と「ゼウス」を同一視し、西欧の優れた暦や科学技術で中国皇帝や官吏に接近した）。自国の文化への誇りが高く、異国のものを遠ざけた中国では、明清時代を通じて布教が進まなかったが、アヘン戦争以後の上海を中心にキリスト教が浸透していった。

【MEMO】

Guide, Hong Qiao
虹橋城市案内

領事館、外資系企業などが集まる上海西部の虹橋
空港、高速鉄道、バスなどの路線が集まる
虹橋交通ターミナルは交通の中枢となっている

虹橋 虹桥 hóng qiáo ホンチャオ ［★☆☆］

日本領事館はじめ各国の領事館、高級ホテル、展覧会場、企業のオフィス、駐在員が暮らすマンションが集まる上海西部の虹橋。かつて田園の広がる鎮が見られたが、1982年にいち早く経済開発区がおかれて発展し、上海に進出した日本人も多く暮らしている(虹橋とは、江南地方によく見られる「虹」のようにアーチをかける橋のこと)。

【地図】虹橋広域図

【地図】虹橋広域図の ［★★☆］
- [ ] 上海動物園 上海动物园 シャンハイドンウウユゥエン

【地図】虹橋広域図の ［★☆☆］
- [ ] 虹橋 虹桥 ホンチャオ
- [ ] 凌空SOHO 凌空SOHO リンコォンソーホー
- [ ] 虹橋総合交通ターミナル 虹桥综合交通枢纽 ホンチャオツォンハァジャオトンシュウニィウ
- [ ] 上海虹橋国際空港 上海虹桥国际机场 シャンハイホンチャオグゥオジイジイチャン

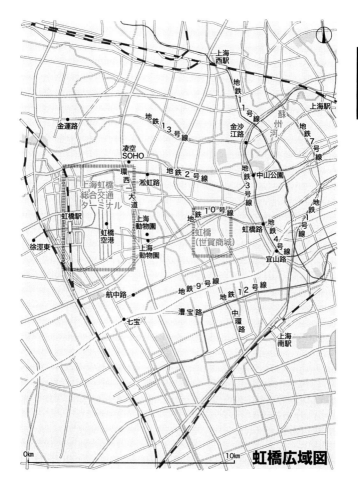

虹橋広域図

【地図】虹橋（世貿商城）

【地図】虹橋（世貿商城）の [★☆☆]
- [ ] 虹橋 虹桥ホンチャオ
- [ ] 古北新区 古北新区グウベイシィンチュウ
- [ ] 上海世貿商城 上海世贸商城 シャンハイシイマオシャンチャン
- [ ] 宋慶齢陵園 宋庆龄陵园ソンチンリンリンユゥエン

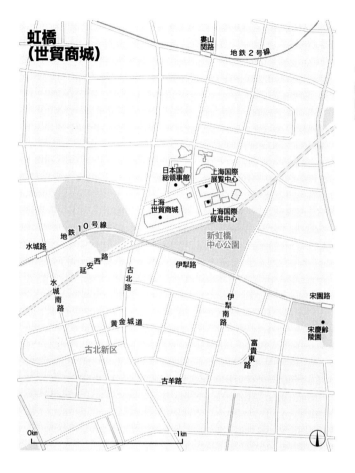

CHINA
上海

紅坊国際文化芸術園区 红坊创意园区 hóng fang chuàng yì yuán qū ホンファンチュウアンイイユゥエンチュウ[★★☆]

虹橋の商業区の一角に開かれた紅坊国際文化芸術園区。工場の跡地が複数のエリアにわけて開発され、民生現代美術館、現代アートのギャラリー、デザイン事務所などのオフィスが屋内と屋外(庭園)にならぶ(つくり手とつくり手によるアートが同じ場所にある)。中国の現代アートでは、毛沢東や鄧小平、パンダや水墨画などに独自の解釈をつけ加えた創作、陳腐なものに認められる美的価値(チャイナ・キッチュ)を押し出した作品などが見られる。

▲左　虹橋路駅付近、虹橋には日本人が多く暮らす。　▲右　鄧小平をモチーフにしたアート、紅坊国際文化芸術園区にて

宋慶齢陵園 宋庆龄陵园 sòng qìng líng líng yuán
ソンチンリンリンユゥエン　[★☆☆]

宋慶齢陵園は20世紀初頭の租界時代、上海の外国人や中国人名士をまつった万国公墓を前身とする。その後、工場や菜園となっていたが、宋慶齢が1981年にこの地に埋葬されてから現在の名前となり、そのすぐとなりに内山完造夫妻が眠っている（内山完造は上海虹口に内山書店を開き、そこは魯迅や郭沫若などが集まる文学サロンとなっていた。この陵園には魯迅も一時的に埋葬されていた）。

上海

古北新区 古北新区
gǔ běi xīn qū グウベイシィンチュウ [★☆☆]

虹橋に隣接する古北新区は、虹橋開発区とともに1980年代から開発された。上海に駐在する日本人や外国人が暮らし、高級マンションがずらりとならぶ。外国食材をあつかう店、日本料理店など富裕層向けの店舗も多く見られる。

上海の日本人

海外に暮らす日本人のなかで、上海はニューヨークやロスアンジェルスとならんで最大規模の人口をもつ。上海の日本人

人口は、1992年まで1000人、2000年まで1万人足らずだったが、この街の経済発展とともに2010年には5万人を超す推移を示すようになった（また登録していない者や短期滞在者が常駐者と同程度いると見られる）。戦時中、「虹口」を中心に最大10万人の日本人が暮らしていたが、現在は「虹橋」と「浦東」がそれに替わっている。

上海世貿商城 上海世贸商城 shàng hǎi shì mào shāng chéng シャンハイシイマオシャンチャン［★☆☆］
商業施設、企業オフィスが一帯になり、日系企業も多く入居

する上海国際貿易中心。1991年に完成した35階建ての複合施設は「上海マート」の呼称で親しまれ、貿易や中国進出する企業支援も行なっている。上海国際貿易中心、上海国際展覧中心などのビジネス拠点も隣接する。

上海動物園 上海动物园 shàng hǎi dòng wù yuán
シャンハイドンウウユゥエン ［★★☆］

パンダやキンシコウなどの希少動物はじめ、チンパンジー、ゴリラ、シベリアン・タイガー、キリン、カンガルー、揚子江ワニなど、600種6000頭の動物が飼育されている上海動

虹橋城市案内 Huaihailu

物園。もともと1910年に西欧人のゴルフ場がおかれていた場所で、1953年に動物園として開園し、敷地内は四季折々の花が見られる月季園、金魚廊河、大草坪など豊かな自然が広がっている。またこの上海動物園に隣接する龍柏飯店は、「上海の王」サッスーン財閥が別荘としていたところで、イギリス上流階級の人々は週末を自然あふれる郊外で過ごした。

CHINA
上海

凌空 SOHO 凌空 SOHO
Líng kōng SOHO リンコォンソーホー [★☆☆]

凌空 SOHO はオフィス、ショップ、ホテル、商業施設が一体となった複合施設。流線型の複数の建物が空中の回廊で結ばれるデザインをもつ。広州大劇院、北京銀河 SOHO などでも知られる建築家ザハ・ハディッドによる設計。

▲左　上海では次々に新しいものが生まれる、凌空 SOHO にて。　▲右　飛行機、鉄道、バスが高密度で集まる虹橋総合交通ターミナル

虹橋総合交通ターミナル 虹桥综合交通枢纽
hóng qiáo zòng hé jiāo tōng shū niǔ
ホンチャオツォンハァジャオトンシュウニィウ　[★☆☆]

上海と中国各都市を結ぶ虹橋空港、高速鉄道を軸に、バス、地下鉄、タクシーなどの複数の交通機関が1か所に集まる虹橋総合交通ターミナル。とくに蘇州や南京などの江蘇省、杭州、紹興などの浙江省と、一体化が進む長江デルタの総合交通ハブ（長江デルタが300km圏）になるほか、京滬高速鉄道は上海と北京を5時間で結ぶ。また発展を続ける上海郊外の嘉定区や閔行区、松江区へのアクセスもよい。

【地図】上海虹橋総合交通ターミナル

【地図】上海虹橋総合交通ターミナルの [★★☆]
- [ ] 上海動物園 上海动物园 シャンハイドンウウユゥエン

【地図】上海虹橋総合交通ターミナルの [★☆☆]
- [ ] 虹橋総合交通ターミナル 虹桥综合交通枢纽 ホンチャオツォンハァジャオトンシュウニィウ
- [ ] 上海虹橋国際空港 上海虹桥国际机场 シャンハイホンチャオグゥオジイジイチャン

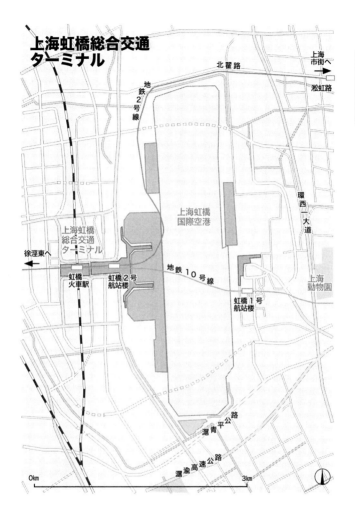

CHINA
上海

上海虹橋国際空港 上海虹桥国际机场
shàng hǎi hóng qiáo guó jì jī chǎng
シャンハイホンチャオグゥオジイジイチャン [★☆☆]

上海虹橋国際空港は、浦東空港にならぶもうひとつの空の玄関口で、おもに上海と中国各都市を結ぶ国内線が就航している。1907年に建設され、1921年からは軍用飛行場となり、1963年より旅客用の空港として利用されている。浦東空港にくらべて上海市街に近い利便性をもつ（市街地まで15km）。

上海料理と食の旅

CHINA 上海

上海蟹や小籠包は上海料理の代表格
四川、広東、北京とならぶ中国四大料理で
上海料理には度数の低い紹興酒がよくあう

上海料理とは

「東酸、西辣、南甜、北鹹」(東は酸っぱく、西は辛く、南は甘く、北はしょっぱい)」と言われる地域色豊かな中華料理。上海料理では、淡水魚(川魚)、エビ、うなぎ、すっぽんなどが食材とされ、それらは「魚米の里」と呼ばれる豊かな江南の風土で育まれた。19世紀以降、この街に流入した寧波や杭州、蘇州や揚州、また西欧の人々の料理があわさった要素をもち、麺料理から粥料理まで幅広い(甘い「蘇州の料理」、塩辛い「寧波の料理」というように、さまざまな料理が混じっている)。上海料理では、醤油と砂糖で煮つけた紅焼(ホンシャオ)は

Huaihailu 上海料理と食の旅

じめ、黒酢などの発酵調味料で味つけた甘く、やわらかな味が特徴となっている。

上海料理の最高峰「上海蟹」

蘇州近くの太湖や陽澄湖など上海近郊でとれる上海蟹（大閘蟹）。栄養価が高く、脂の乗った 10 〜 11 月が上海蟹の食べごろの季節になる（甲羅をむいたときに白身のあるオス、卵がふくんだメスで味が異なる）。「蒸蟹（上海蟹の姿蒸し）」では、ひもでしばった蟹をせいろで蒸し、鮮やかな赤になった甲羅を割って、酢につけながら食べる。「酔蟹（よっぱら

CHINA
上海

い蟹)」では、蟹を、花椒、生姜などとともに紹興酒のかめのなかにつけ、1週間ほどして味が染み渡ってから食する。

肉汁たっぷりな「小籠包」

上海名物の小籠包は嘉定県南翔の点心店で生まれたとされ、上海豫園にその本店の南翔饅頭店がある。豚のひき肉、生姜、ネギに、しょうゆ、お酒、ごま油で味つけた「あん」、冷やして固まった「(豚の皮や豚足の) 煮こごり」を皮でくるむ。1枚のせいろに15個入れて強火で蒸すと、煮こごりがとけてスープ (肉汁) 入りの小籠包ができあがる。これを生姜と

▲左　街の定食屋さんで食べた料理。　▲右　陽澄湖の上海蟹が売られている

黒酢、醤油などにつけて食する。またこの小籠包を鉄板で蒸し焼いた生煎饅頭も上海名物として知られる。

参考文献

『アジア遊学 特集上海モダン』（勉誠出版）

『ぶらり旅 上海』（高原 / 人民中国）

『美術手帖 58 特集 入門★中国美術』（美術出版社）

『新中国料理大全 2 上海料理』（中山時子・陳舜臣・木村春子 / 小学館）

『現代中国における歴史的環境の開発利用 -- 上海「新天地」を事例に』（神山育美 / 現代中国）

『上海市都心部における都市デザイン・システムの構築 静安区南京西路道路景観設計基本計画に関する日中共同研究』（田村博美・方明・酒井沢栄・寺山麦・土井幸平・久元祥禎 / 日本建築学会技術報告集）

『上海通信 アジア最大のハブ空港を目指す「虹橋総合交通ターミナル」構想』（芝田優巳 / 不動産鑑定）

『世界大百科事典』（平凡社）

［PDF］上海地下鉄路線図 http://machigotopub.com/pdf/shanghaimetro.pdf

［PDF］上海浦東国際空港案内 http://machigotopub.com/pdf/shanghaiairport.pdf

［PDF］上海虹橋国際空港案内 http://machigotopub.com/pdf/shanghaihongqiaoairport.pdf

［PDF］上海地下鉄歩き http://machigotopub.com/pdf/metrowalkshanghai.pdf

まちごとパブリッシングの旅行ガイド

Machigoto INDIA , Machigoto ASIA , Machigoto CHINA

【北インド - まちごとインド】

001 はじめての北インド
002 はじめてのデリー
003 オールド・デリー
004 ニュー・デリー
005 南デリー
012 アーグラ
013 ファテープル・シークリー
014 バラナシ
015 サールナート
022 カージュラホ
032 アムリトサル

【西インド - まちごとインド】

001 はじめてのラジャスタン
002 ジャイプル
003 ジョードプル
004 ジャイサルメール
005 ウダイプル
006 アジメール(プシュカル)
007 ビカネール
008 シェカワティ
011 はじめてのマハラシュトラ
012 ムンバイ
013 プネー
014 アウランガバード
015 エローラ
016 アジャンタ
021 はじめてのグジャラート
022 アーメダバード
023 ヴァドダラー(チャンパネール)
024 ブジ(カッチ地方)

【東インド - まちごとインド】

002 コルカタ
012 ブッダガヤ

【南インド - まちごとインド】

001 はじめてのタミルナードゥ
002 チェンナイ
003 カーンチプラム
004 マハーバリプラム
005 タンジャヴール
006 クンバコナムとカーヴェリー・デルタ
007 ティルチラパッリ
008 マドゥライ
009 ラーメシュワラム
010 カニャークマリ
021 はじめてのケーララ
022 ティルヴァナンタプラム
023 バックウォーター(コッラム〜アラップーザ)
024 コーチ(コーチン)
025 トリシュール

【ネパール - まちごとアジア】

001 はじめてのカトマンズ
002 カトマンズ
003 スワヤンブナート

004 パタン
005 バクタプル
006 ポカラ
007 ルンビニ
008 チトワン国立公園

【バングラデシュ - まちごとアジア】

001 はじめてのバングラデシュ
002 ダッカ
003 バゲルハット（クルナ）
004 シュンドルボン
005 プティア
006 モハスタン（ボグラ）
007 パハルプール

【パキスタン - まちごとアジア】

002 フンザ
003 ギルギット（KKH）
004 ラホール
005 ハラッパ
006 ムルタン

【イラン - まちごとアジア】

001 はじめてのイラン
002 テヘラン
003 イスファハン
004 シーラーズ
005 ペルセポリス
006 パサルガダエ（ナグシェ・ロスタム）
007 ヤズド
008 チョガ・ザンビル（アフヴァーズ）
009 タブリーズ

010 アルダビール

【北京 - まちごとチャイナ】

001 はじめての北京
002 故宮（天安門広場）
003 胡同と旧皇城
004 天壇と旧崇文区
005 瑠璃廠と旧宣武区
006 王府井と市街東部
007 北京動物園と市街西部
008 頤和園と西山
009 盧溝橋と周口店
010 万里の長城と明十三陵

【天津 - まちごとチャイナ】

001 はじめての天津
002 天津市街
003 浜海新区と市街南部
004 薊県と清東陵

【上海 - まちごとチャイナ】

001 はじめての上海
002 浦東新区
003 外灘と南京東路
004 淮海路と市街西部
005 虹口と市街北部
006 上海郊外（龍華・七宝・松江・嘉定）
007 水郷地帯（朱家角・周荘・同里・甪直）

【河北省 - まちごとチャイナ】

001 はじめての河北省
002 石家荘
003 秦皇島
004 承徳
005 張家口
006 保定
007 邯鄲

【江蘇省 - まちごとチャイナ】

001 はじめての江蘇省
002 はじめての蘇州
003 蘇州旧城
004 蘇州郊外と開発区
005 無錫
006 揚州
007 鎮江
008 はじめての南京
009 南京旧城
010 南京紫金山と下関
011 雨花台と南京郊外・開発区
012 徐州

【浙江省 - まちごとチャイナ】

001 はじめての浙江省
002 はじめての杭州
003 西湖と山林杭州
004 杭州旧城と開発区
005 紹興
006 はじめての寧波
007 寧波旧城
008 寧波郊外と開発区
009 普陀山
010 天台山
011 温州

【福建省 - まちごとチャイナ】

001 はじめての福建省
002 はじめての福州
003 福州旧城
004 福州郊外と開発区
005 武夷山
006 泉州
007 厦門
008 客家土楼

【広東省 - まちごとチャイナ】

001 はじめての広東省
002 はじめての広州
003 広州古城
004 天河と広州郊外
005 深圳(深セン)
006 東莞
007 開平(江門)
008 韶関
009 はじめての潮汕
010 潮州
011 汕頭

【遼寧省 - まちごとチャイナ】

001 はじめての遼寧省
002 はじめての大連
003 大連市街
004 旅順
005 金州新区

006 はじめての瀋陽
007 瀋陽故宮と旧市街
008 瀋陽駅と市街地
009 北陵と瀋陽郊外
010 撫順

【重慶 - まちごとチャイナ】

001 はじめての重慶
002 重慶市街
003 三峡下り（重慶〜宜昌）
004 大足

【香港 - まちごとチャイナ】

001 はじめての香港
002 中環と香港島北岸
003 上環と香港島南岸
004 尖沙咀と九龍市街
005 九龍城と九龍郊外
006 新界
007 ランタオ島と島嶼部

【マカオ - まちごとチャイナ】

001 はじめてのマカオ
002 セナド広場とマカオ中心部
003 媽閣廟とマカオ半島南部
004 東望洋山とマカオ半島北部
005 新口岸とタイパ・コロアン

【Juo-Mujin（電子書籍のみ）】

Juo-Mujin 香港縦横無尽
Juo-Mujin 北京縦横無尽
Juo-Mujin 上海縦横無尽

【自力旅游中国 Tabisuru CHINA】

001 バスに揺られて「自力で長城」
002 バスに揺られて「自力で石家荘」
003 バスに揺られて「自力で承徳」
004 船に揺られて「自力で普陀山」
005 バスに揺られて「自力で天台山」
006 バスに揺られて「自力で秦皇島」
007 バスに揺られて「自力で張家口」
008 バスに揺られて「自力で邯鄲」
009 バスに揺られて「自力で保定」
010 バスに揺られて「自力で清東陵」
011 バスに揺られて「自力で潮州」
012 バスに揺られて「自力で汕頭」
013 バスに揺られて「自力で温州」

【車輪はつばさ】
南インドのアイラヴァテシュワラ寺院には建築本体に車輪がついていて寺院に乗った神さまが人びとの想いを運ぶと言います。

・本書はオンデマンド印刷で作成されています。
・本書の内容に関するご意見、お問い合わせは、発行元の
　まちごとパブリッシング info@machigotopub.com までお願いします。

まちごとチャイナ
上海004淮海路と市街西部
～プラタナス並木と「美好上海」[モノクロノートブック版]

2017年11月14日　発行

著　者	「アジア城市（まち）案内」制作委員会
発行者	赤松　耕次
発行所	まちごとパブリッシング株式会社
	〒181-0013　東京都三鷹市下連雀4-4-36
	URL http://www.machigotopub.com/
発売元	株式会社デジタルパブリッシングサービス
	〒162-0812　東京都新宿区西五軒町11-13
	清水ビル3F
印刷・製本	株式会社デジタルパブリッシングサービス
	URL http://www.d-pub.co.jp/

MP090

ISBN978-4-86143-224-8 C0326　　　Printed in Japan
本書の無断複製複写（コピー）は、著作権法上での例外を除き、禁じられています。